シリーズ 2
過去の戦争とスポーツ
――その痛恨の歴史
スポーツ物資の規制と軍部への供出

廣畑 成志

このシリーズを、戦争を憎み、
平和とスポーツを愛する
すべての人にとどけます。

目次

▶ シリーズ2　過去の戦争とスポーツ──その痛恨の歴史
　　　　　スポーツ物資の規制と軍部への供出

INDEX

◆ 追跡3　物資統制でスポーツ用具を規制、制限した
その1．国家総動員体制のもとで ……………………………… 6
　■国家総動員法の公布　■押し寄せた物資統制の波
　■配給生活を強いられて
その2．ゴム・皮革・鉄製用具の制限 ……………………… 16
　■狙い撃ちされたように　■皮革製品の配給統制
　■統制緩和を願い出るも…
その3．耐えしのいだ「代用品」時代 ……………………… 22
　■「贅沢品より代用品」　■「代用品時代」の情景
　■「カボチャの唄」が流れ

◆ 追跡4　球場は廃墟となり、軍事基地化していった
その1．金属回収令による鉄製品の徴集 ………………… 34
　■「家庭鉱脈」を回収しつくせ　■寺や神社は名利の梵鐘を
　■優勝杯や天皇賜杯も　■もぎとられた椅子や屋根
その2．軍事基地となったスタジアム …………………… 46
　■空襲で炎上した甲子園球場　■神宮球場も火の海に
　■後楽園は聖戦宣揚の舞台に　■横浜俘虜（ふりょ）収容所
その3．国技館が風船爆弾の工場に ……………………… 56
　■愛国機「相撲号」を献納　■放球された風船爆弾
　■まるで破れ傘のように炎上

追跡③ 物資統制でスポーツ用具を規制、制限した

> さきのシリーズ1では、国民の生命と活動の源である体力と余暇を直接管理した戦争国家の姿を見ました。続いて今回のシリーズ2では、スポーツ活動に欠かせない用具や施設を、「聖戦遂行」の総動員体制のもとでどのように国家が規制し、取り上げ、根こそぎ奪っていったのか、スポーツ活動の物質的な基盤の衰弱と崩壊の様子を追跡しました。

その1．国家総動員体制のもとで

■国家総動員法の公布

　現政権を総裁する安倍晋三首相が、突然、「一億総活躍時代の創出」をぶち上げたのは記憶に新しいことです。その高唱ぶりには、「なんだか全体主義的で、過去の『国家総動員』の戦争時代を思い出させる」との批判が巻き起こりました。

　そうなのです、かつての侵略戦争は「国家総動員」体制を敷いてすべての国民を戦争遂行に駆り立てたのでした。それだけに、戦争を体験した世代やそれを知る人びとには「総○○」とか「一億総△△」とかの言葉を安易に使うことへの忌避感や警戒心が強く、心の奥底に苦いしこりが貼りついているのです。

　1937年（昭和12）7月に日中戦争が拡大すると、戦争遂行政府は翌38年（昭和13）4月に**国家総動員法**を公布します^{（写真1）}。この法をタテにして、政府は「軍需優先」の旗振りのもとで、国民の人的資源と生活のあらゆる物資を対象にして、徹底的な統制と節約の政策を命令的に押し進める総動員体制を敷きました。

　当時の新聞報道でもこの物資統制は「憲法精神に反す」と、絶対主

義の明治憲法にも抵触すると批判したほど、「国家総動員法」は露骨ですさまじいかぎりの「統制経済」を強行するものでした。

その内容はこうです。

まず、同法は「国家総動員とはなにか」を第1条でこう規定しています（本文は現代かなづかいに直しています。以下同じ）。

> 第一条　本法に於（おい）て国家総動員とは戦時（戦争に準ずべき事変の場合を含む以下之（これ）に同じ）に際し国防目的達成の為（ため）国の全力を最も有効に発揮せしむる様人的及物的資源を統制運用するを謂（い）う。

（写真1）　『誰にもわかる国家総動員法早分り』

出典：『誰にもわかる国家総動員法早分り』法政学会編　東宝堂書店

つまり、戦時においては人も物資も「資源」だとして総動員し、戦争遂行と国防の目的を達成するためにあらゆる資源・物資を統制運用すると策したのが「国家総動員法」でした。

つぎに、統制と規制の対象となった「総動員物資」とは何だったのでしょうか。それは同法第2条に具体的にあげられています。

> 第二条　本法に於て総動員物資とは左に掲げるものを謂う
> 一　兵器、艦艇、弾薬其（そ）の他の軍用物資
> 二　国家総動員上必要なる被服、食糧、飲料及飼料
> 三　国家総動員上必要なる医薬品、医療機械器具其の他の衛生用物資及家畜衛生用物資
> 四　国家総動員上必要なる船舶、航空機、車両、馬其の他の輸送用物資

五　国家総動員上必要なる通信用物資
　六　国家総動員上必要なる土木建築用物資及照明用物資
　七　国家総動員上必要なる燃料及電力
　八　前各号に掲げるものの生産、修理、配給又は保存に要する原料、材料、機械器具、装置其の他の物資
　九　前各号に掲げるものを除くの外勅令を以て指定する国家総動員上必要なる物資

　ご覧の通りです。「総動員物資」とは、兵器、艦艇、弾薬などの軍用物資は言うまでもありませんが、被服、食糧、飲料、飼料の生活物資、医薬品と医療機械器具など衛生物資をはじめ、船舶、航空機、車両、馬などの輸送物資、通信用物資、土木建築用物資、照明物資、燃料と電力…と、国民生活と社会基盤を支えるあらゆる物資が対象になっているのです。

　さらに、これらの物資の生産、修理、配給、保存に必要な原料、材料、機械器具、装置なども含まれ、そのほか「勅令で指定する物資」も、随時、追加するというのです。とにかく戦争遂行に必要な物資は根こそぎ「総動員物資」となったわけです。

　人的資源も、徴用――国家が国民を呼びだして強制的に一定の仕事につかせること――としての「総動員物資」だと規定しています。人を"物扱い"にしたのです。そこには国民に対する人権尊重のひとカケラもありません。

　そのために、同法は以下の条項で、企業や団体、法人などに「協力」を強制し、人的資源を「兵役」の妨げにならない限りで所属の従業員の雇用と移動、賃金などの労働条件までも国家が勝手気ままに直接「命令」できることにしています。

　第四条　政府は戦時に際し国家総動員上必要あるときは勅令の定むる所に依り帝国臣民を徴用して総動員業務に従事せしむることを

得但し兵役法の適用を妨げず

第五条　政府は戦時に際し国家総動員上必要あるときは勅令の定むる所に依り帝国臣民及帝国法人其の他の団体をして国、地方公共団体又は政府の指定する者の行う総動員業務に付協力せしむることを得

第六条　政府は戦時に際し国家総動員上必要あるときは勅令の定むる所に依り従業者の使用、雇入（もしくは）解雇、就職、従業若は退職又は賃金、給料其の他の従業条件に付必要なる命令をなすことを得

この国民の徴用を法令で具体化したのが、1939年（昭和14）7月に施行された「**国民徴用令**」でした(写真2)。国民徴用令は戦局の長期化と悪化がすすむ情況のもとでエスカレートしていき、1944年（昭和19）8月には朝鮮人も徴用の対象となり、朝鮮労働者の「強制連行」などの悲劇を生むことになります。これについては、シリーズをあらためて「植民地支配とスポーツ」の章で追跡することにします。

（写真２）「進め一億火の玉だ」

出典：『図説 昭和の歴史8』集英社

■押し寄せた物資統制の波

国家総動員法は、ただちに具体化されていきました。1938年（昭和13）だけを取り出してみても、物資統制の波は生産の制限・禁止、配給制度の導入などで国民生活に嵐のように襲いかかってきました。

この年（１９３８年）の主な物資統制の動きを月追いしてみました。多くがスポーツ活動に不可欠な用具・器具、施設とその生産に直接かかわる物資です。強調文字は、法令、規則、計画です。

- １月１６日　閣議で「**物資動員計画**」を決定、石炭や製油など９６品目に関して軍需優先に分配することに。
- １月３１日　政府は支那事件臨時軍備財源調達の一環として、タバコの一部値上げを実施。
- ３月１日　商工省は「**錦糸配給統制規制**」を公布し、錦糸配給に切符制度を採用。
- ３月７日　「**揮発油及び重油販売取締規則**」が公布され、購入引換券（ガソリン券）のみで購入。
- ３月１６日　衆議院で「**国家総動員法**」が可決、４月１日に公布。
- ３月２６日　**電力国家統制法**が可決。
- ４月２５日　「**銑鉄鋳物制限令**」が発せられ、文鎮、灰皿、花器、貯金箱、額縁、電気スタンド、看板、椅子、欄干(らんかん)、棚、交通標識など４７品目の製造を禁止。
- ５月１日　商工省が「**揮発油・重油販売取締規則**」を施行し、ガソリンの配給切符制を実施。
- ５月２２日　この日から**錦糸公定価格制**が実施される。
- ６月２３日　この日、支那事変による物資不足から「**物資総動員計画**」が出され、同時に「**使用制限３３品目**」が発表される。これによって、鋼材、金、銅、アルミ、石綿、綿花、羊毛、紙、皮、木材、重油、生ゴムなどの使用が制限された。
- ７月１日　商工省は「**皮革使用制限規則法**」を公布し、革のおしゃれを禁止。
- ７月９日　**物品販売価格取締規則**が公布され、麻、ゴム製品など指定品目の値上げを禁止し公定価格とする。
- ７月１５日　「**銑鉄鋳物製造制限令**」がさらに強化され、ジャンデ

リア、机、ガスストーブ、電気ストーブ、鉄瓶やアイロンなども製造を禁止。
- 7月25日　ガソリン節約強化が決定され、自家用車は1日1ガロン（3.7L）と制限。
- 8月1日　**銅使用制限**が強化され、一般民需の銅使用が全面禁止となった。
- 8月4日　商工省は乗用車の新規製造中止を指令。
- 8月6日　物資非常統制に沿い逓信省は電話の新規仮設を制限、加入権譲渡の禁止を公布。
- 8月14日　本土向けの**金属玩具（がんぐ）の製造禁止令**が公布。
- 10月1日　「石炭配給統制規則」が施行され切符制を実施。
- 10月15日　商工省は国内向けの蓄音器の製造を禁止。
- 11月21日　鉄屑配給統制規則を公布。東京の百貨店が組合を通じて年末の自主を申し出る。

翌年の1939年（昭和14）の8月からは**電力供給の制限**を開始し（写真3）、9月には商工省が**石油配給統制規則**を公布しています。

これらの法令や制限は、封建時代の悪代官による無慈悲な物資取り立てとあまり変わりません。それを国家ぐるみの翼賛（よくさん）体制でやったわけですから、南町奉行のように悪行を監視し取り締まる歯止めの機構も役人もいない状況で、好き勝手にできたのです。

（写真3）「電力は戦力だ」

出典:『朝日歴史写真ライブラリー　戦争と庶民1940-1949　第3巻』朝日新聞社

■配給生活を強いられて

　米穀の配給統制、ガソリンの配給切符制、錦糸類の公定価格化、銑鉄鋳物・銅・鉄屑の使用制限、石炭の配給規制、皮革・ゴム製品の規制…、なにからなにまで制限され、規制、統制されました。

　これらを見れば、国家総動員法による人的、物的資源を統制するねらいが、どこに向けられたのかは明白です。すべては国民生活に欠かせないあらゆる物資への規制でした。

　この物資統制のもとで国民は「配給生活」を強いられていき、節約と我慢、代用品を使った暮らしを過ごすことになっていきました。町の通りにはガソリンの代わりに木炭を燃料としたバスが走り(写真4)、木炭ガスを使った電車も路面を走行しました(写真5)。東京では座席を取り払った市電の車両が登場し、「国策電車」と呼ばれました。

　木炭バスはガソリン不足だった戦後の一時期にも走っていました。私が4、5歳の頃ですが、九州の田舎町にもボンネットが壊れたようになっていて、そこで木炭を燃やして煙を吐き、水蒸気をあげ、のろのろと坂道を喘ぎながら走っていた光景を覚えています。子どもながらになんだかわびしい思いで眺めたものです。

(写真4)　「木炭自動車」

出典:『一億人の昭和史 銃後の戦史』毎日新聞社

(写真5)　「国策電車」

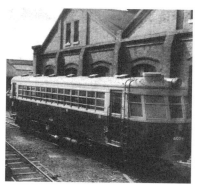

出典:『シリーズ20世紀の記憶』「大日本帝国の戦争2」毎日ムック

この1938年（昭和13）頃から「贅沢は敵だ！」が合言葉として上から喧伝されました^(写真6)。

　東京や大阪の銭湯では朝風呂を禁止、日本婦人団体連盟などは「白米食廃止懇談会」を開き、「不買デー」を設けて節約と貯蓄を呼びかけました。とうとう大阪府知事は白米の精米販売を禁止（8月）、続いて東京市も白米禁止令を出しました（9月）。

　主食の米穀──米のほかはだか麦・大麦・小麦などの麦類──の統制と配給は国民生活に深刻な事態をまねきました。1939年（昭和14）4月に「**米穀配給統制法**」が制定されます。これは、戦争による農村で

（写真6）「ぜいたくは敵だ」のポスター

出典：『シリーズ20世紀の記憶』「大日本帝国の戦争2」毎日ムック

の人手不足での国内生産の縮小と、植民地支配の朝鮮・台湾での消費増加により移入量が減少してきたことを理由にして実施されました。

　さらにその翌年の40年（昭和15）には「**臨時米穀配給統制規則**」が出されて、政府が自家飯米以外の米全量を直接買い入れて配給を統制、差配することになりました。この40年には、政府は4月24日に米、みそ、醤油、塩、マッチ、木炭、砂糖などの**日用品切符制**を決定し、6月1日より6大都市で実施しています。

　戦争の拡大と後退の非常事態のもとで1942年（昭和17）には「米穀配給統制法」などを一括した**食糧管理法**（食管法）へと改正され、とどこおる配給で人びとは極貧生活を強いられました。

　各家庭には「**米穀配給通帳**」が配布されました。通常は、「一般用米穀類購入通帳」で配給されましたが、旅行で旅館から米飯の提供を受

ける場合には、現物の米穀を持参するか、「旅行者用穀類購入通帳」を提出しなければなりませんでした。通帳を紛失したら基本的に再発行は受けられず、譲渡・貸与・偽造・変造をすると罰則が科せられたそうです。

　また３８年の７月２７日には、内務省が宴会、贈答品廃止、弁当持参など生活簡素化を通達しています。「日の丸弁当」の推奨です。「弁当持参」まで政府機関がいちいち指示するのですから、異常な事態です。当時、発表された「戦時生活様式大綱」では〔表１〕に見るように、とにかく"ぜいたく"を排除するためだとして衣食住と社交について細かく指示しています。

- 衣＝帽子、ネクタイ、オーバーを取り、下駄、わらじを履け
- 食＝白米を禁止し、日の丸弁当を。主婦は栄養研究をせよ
- 住＝庭には野菜を栽培し、井戸を掘れ
- 社交＝贈答品を止め、お通夜は近親者だけでやれ

テレビのＮＨＫ朝の連続小説『とと姉ちゃん』や『べっぴんさん』で、この戦間期での質素な食事の様子が描かれていましたが、みんなが大変な思いをして耐えしのいだのでした(写真7)。私の母は栄養不足で母乳が出ず、配給のミルクも手に入らないために、乳飲み子の私に「魚をすり身にして、嫌がるあんたに無理やり食べさせたんよ」と、情けない顔をして語っていました。

（写真７）　「戦時中の質素な家族の食事の様子」

出典：『シリーズ20世紀の記憶』「大日本帝国の戦争２」毎日ムック

〔表1〕 戦時生活様式大綱

衣	帽子、上着、ネクタイ、手袋、襟巻、足袋、オーバー、二重回し、コート、羽織、ステッキなどの省略
	下駄、わらじ、蓑草履の奨励
	冠婚葬祭での平服
	華美なる衣類を避け、なるべく白または黒の単色
食	栄養の少ない白米の禁止
	一週一日は寒食デー或いは日の丸弁当デーの永続
	宴会はなるべく取りやめ、洋酒は禁止
	主婦は一汁一菜の栄養料理を研究、予算生活を行う
住	新築は見合わせる
	庭園などの空き地にはなるべく野菜を栽培
	井戸を掘り空襲に備える
社交	中元歳暮の礼状、年賀状、見舞状、贈答品の廃止
	結婚は質素を旨とし祝儀の辞退、結納金の大減額を行い、参列者は近親と関係者だけに止める
	お通夜なども近親者だけとする
	出産、節句、七五三などすべてを内祝いとし冗費を記念貯金に振り返る

その２．ゴム・皮革・鉄製用具の制限

■狙い撃ちされたように

　以上にみた節約・節減、ぜいたくの禁止は、スポーツに親しんでいた人びとにも重くのしかかっていきました。

　米穀の配給で食べることを制限されたスポーツにいそしむ者たちは空腹を抱え、水をたらふく飲んで練習に耐えました。昼飯を抜いたり、弁当を持って行ってもお粥だったり、芋だったり、仲間に分けてもらったりしたと、中学時代（旧制）を戦間中に過ごした母校の先輩から聞きました。

　成長盛りの青少年が、「エネルギーを消費しないために、できるだけ動かない」というのでは、スポーツ活動に熱も力も入るはずもありません。

　塩の配給では、大相撲が苦労しました。土俵を清めるのになくてはならない塩がとどこおりがちとなり、「十両の取組には塩を用いず、中入後から使用することとなり」と、出羽海秀光氏が『私の相撲自伝』に記しています。

　そのうえで、スポーツ活動に必要な用具や器具などの物資はどうなったのでしょうか。結論から言えば、国家総動員法は国民のスポーツ活動を経済的な面から規制し、ついには用具・器具不足で活動の続行ができなくなるほどの大打撃をおよぼしたのでした。

　しかし、それだけでは済みませんでした。国家総動員法による物資の徹底統制はスポーツ・レクリエーションの用具や器具を制約し、その活動は深刻な事態に直面していきました。スポーツの用具や器具には「物資動員計画」の『使用制限３３品目』（商工省）のなかのゴム、皮革、鉄でできているものが多いからです。

追跡１　物資統制でスポーツ用具を規制、制限した

　スポーツ用器具の素材がなにでできているのか、ちょっと思い浮かべてみましょう。

ゴム製品…ボール（テニス、バレーボール、バスケットボール、軟式野球、バドミントン、ゴルフ、ホッケーなど）、シューズの底、卓球のラバー、自転車のタイヤ、レスリングのマットなど。

皮革製品…ボール（硬式野球、サッカー、ラグビー、アメリカンフットボール、水球など）、グローブ（野球、ボクシング）、スパイク・シューズ（陸上競技、野球、サッカー、ラグビー、スキー、スケートなど）、体操の器具、剣道の籠手（こて）、馬術の鞍（くら）や馬具など。

鉄・スチール製品…野球のマスク、バックネット、剣道の面、鉄棒、砲丸投げ・ハンマー投げの鉄球、円盤、槍、フェンシングの剣、登山のピッケル・アイゼン、自転車の車体とチェーン、ヨットの船艇、ピストル・ライフル銃、ポール・支柱・リンク（バレーボール、バスケットボール、卓球、テニスなど）、ネットのワイヤー、重量挙げの棒と錘（おもり）、スケート靴の歯、スキーのストック、ゴルフのスティック、審判の笛やスターターのピストルなど。

　漏れている物品もあるでしょうが、これに見たように、スポーツの用具・器具はほとんどと言っていいほどゴム、皮革、鉄などを材料にしてできているのです。

　それに加えて、練習着やユニホーム、帽子、リュックサックなどの布製の用具、バットなどの木製の道具、スコアブックなどの用紙類も含めて、スポーツの活動に必要な用具・器具類の多くが物資統制のもとでの制限規制の対象になるものでした^{（写真8）}。

　それから節電は、学校や職場の雨天体操場――いまの体育館（室）――

（写真8）「戦前の野球布製グローブ」

出典：『昭和生活なつかし図鑑』平凡社

17

ーの照明にも影響しました。ナイター施設のある野球場やプールなども営業の縮小を余儀なくされました。ボールの見えない薄暗い中での練習は、むしろ"勇猛な皇国精神だ"と称賛されたほどです。町のビリヤード場も照明を落とさざるを得ませんでした。

あらゆるスポーツの用品・器具、施設の統制と制約にかかわる国家総動員法の中身をみると、それを「贅沢は敵だ」、「余暇の善用だ」とスポーツ活動を狙い打ちして規制していった感じさえ受けます。

■皮革製品の配給統制

スポーツの用具などに密接に関わる物資のひとつである皮革製品の使用制限、配給統制が国民生活のなかでどのようにやられていったのでしょうか。

当時の商工省が発した「規則」を記載しておきましょう。１９３８年（昭和１３）８月１日より施行されたものです。これは他のゴムや鉄製品の物資統制令・規則にも共通していることです。強調文字はスポーツ用具にかかわる物品です。

〔皮革使用制限規則〕（抜粋）

第一条　左（本稿では下記）に揚ぐる物品またはその材料は牛革（黄牛皮および水牛革を含む以下同じ）を使用してこれを製造することを得ず、

（一）**靴**（二）馬具（三）**自転車または自動自転車用サドル**（四）調帯（五）パッキング（六）**運動用具**（七）革砥。

第二条　左（本稿では下記）に揚ぐる物品またはその材料は牛革、馬革、羊革、豚革、鯨革または鮫革を使用してこれを製造することを得ず、但し軍の注文または輸出注文（関東州）、満洲国または中華民国向のものを除く）にかかる場合および特別の事情により地方長官の許可を受けたる場合はこの限りにあらず

（一）草履、スリッパその他の履物（鼻緒および爪革を含む）但

し靴を除く。
　（二）鞄、トランク、ランドセル、リュックサック、図嚢その他の携帯用具。
　（三）マント外套、上着、ズボンその他の衣類。
　（四）**帽子、手袋、帯革、ズボン吊、靴下止、鞄**その他の衣類附属品。
　（五）ハンドバッグ、蟇口、紙入、煙草入、名刺入、筆入その他の袋物。
　（六）眼鏡サック、化粧箱、写真機ケース、楽器ケース、**猟銃サック、運動具入**その他の容器。
　（七）水筒紐、時計腕革その他の縛革。
　（八）頸輪、引紐、鞭その他の家畜用具、但し馬具を除く。
　（九）椅子、テーブル、机、寝台、座布団、その他の家具什器。
　（十）書籍および帳簿、アルバムその他の文房具。
　（十一）張革、吊革その他の車輌用品。
第三条　牛革を使用したる第一条に揚ぐる物品若くはその材料又は牛革、馬革、羊革、豚革、鯨革若くは鮫革を使用したる第二条に揚ぐる物品若くはその材料にして輸出品（関東州、満洲国または中華民国に輸出するものを除く）として製造せられたるものを譲受けたる者はこれを本邦、関東州、満洲国または中華民国における消費に充つるため販売することを得ず。
　附則　本則は公布の日よりこれを施行す。
　本則施行の際、第一条もしくは第二条に揚ぐる物品またはその材料の製造を業とするもの、牛皮、馬皮、羊皮または豚皮の輸入または販売を業とするもの、および牛皮、馬皮、羊皮、豚皮、鯨皮、または鮫皮の製造または販売を業とするものは、本則施行の日より二週間以内に本則施行の日現在の皮革の種類別、在庫数量を地方長官に届出ずべし。
　本則施行の際、第二条に揚ぐる物品またはその材料の製造を業

とするものにして他の用途に転用し得ざる革を所有するものは、本則施行後二月間に限り地方長官の許可を受け第二条に揚ぐる物品またはその材料を製造することを得。

■統制緩和を願い出るも…

　戦争遂行の翼賛体制のもとではこの物資総動員の国策に反対するわけにはいきません。反対すれば罰則が科せられるわけですから…。

　競技団体を統括していた大日本体育協会は、この年（１９３８年）の７月４日に、金属や皮革の節約から**メダル・優勝旗・盾**の新規調整をやめるよう、傘下２２の地方協会や競技団体に指示しました。

　考えてもみてください。例えば、大小の陸上競技や水泳の表彰では種目ごとに、バレーボールやバスケットボールなどのチーム競技では選手全員に、金・銀・銅のメダルが渡されていたのが、「新規調整はダメだ」というのですから、相当な分量になります。競技会から華やかさが消えていきました。のちには、各人が獲得した栄光のメダルも「金属類回収令」で供出させられることになりました。

　大相撲では力士が土俵入りで着ける錦糸織の化粧回しも自主規制され、粗悪なものに替えざるを得ませんでした。なにせ、素材に緞子という光沢のある絹織物を用い、前垂れの部分には金襴の裏地を付け、金糸銀糸などを用いた華やかな刺繍で表を飾るという、贅の極みの化粧回しですから…。光沢の消えた化粧回しは、観客の目の楽しみを奪ったのです（写真９）。

　その一方で、競技関係者や団体は必死の思いでスポーツ物資への統制の緩和措置を政府

（写真９）　「戦前の大相撲関取の化粧回し」（出羽海関）

出典：『私の相撲自伝』出羽海秀光著

関係機関に願い出でいます。

○…38年12月5日に開催された19府県の体育運動主事会議は、運動用具の統制に対して「統制緩和方」を文部省および厚生省、商工省などの所管省に懇請することで意見の一致をみています。

○…バスケットボール、バレーボール、サッカー、ラグビーの4団体は、翌年1939年（昭和14）2月16日に、ゴム使用の割当は活動の死活に関わるとして、「ボールの素材の確保に困る」と厚生省に善処を願う要請をおこないました。

しかし…、こうした努力や要請はむなしい徒労に終わりました。軍需優先を絶対とする物資統制は問答無用にすすめられ、スポーツの世界は品不足に陥り、その活動は連続的なボディブローを浴びて追い込まれていきました。いくつかの事例を見ると——、

・ヨットでは建造に必要な造船用非鉄材が、物資統制によって協会用に1年間2トンを割当てられ、セール用綿布も配給制となって100隻分に限って割当てられた。

・スキーでは外国製スキー用具が物資統制で輸入禁止となり、新しい外国のスキー用品に接することが全くできなくなった。

・登山など野外活動に必要な運動具であるリュックサックやピッケルなどが、1942年（昭和17）の7月には新たな物資統制の対象になった。

（写真10）「戦前のフェンシングの様子」

出典：『別冊 1億人の昭和史』「昭和スポーツ史」毎日新聞社

当時のスポーツ用品・用具のうちでも、スキー、登山、ヨット、ゴルフ、テニス、フェンシングなどの運動具はアメリカ、ドイツ、イギリスなどの欧米諸国からの高価な輸入品に頼っていました（写真10）。それが輸入業者の制限を受けて品不足となり、「贅沢品だ」とのレッテルを貼られてしだいに手に入らなくなっていったのです。

その3．耐えしのいだ「代用品」時代

■「贅沢品より代用品」

　物資統制による国民生活への圧迫と諸活動の制約はとどまることを知りませんでした。次々と実施される物資統制の上からと下からの動きのすさまじさを1939年（昭和14）の日追いで見てみましょう。

・7月7日　支那事変勃発1周年のこの日、国民精神総動員中央連盟が主体になって、不要となった金属類を供出する「**一戸一品献納運動**」が奨励される（写真11）。同日、東京連合婦人会は**毎月7日を不買デー**にすると決定。

（写真11）「少年団の鉄屑拾い」

出典：『シリーズ20世紀の記憶』「大日本帝国の戦争2」毎日ムック

・7月10日　朝日新聞社は新聞用紙使用制限にもとづき、大型広告の廃止を断行。

・7月19日　日本橋三越で「**必需品物資代用品博覧会**」を開催。

・7月22日　大阪四天王寺では、世界最大級の梵鐘（ぼんしょう）を国家に献納することを決定。以降、全国的に献納がおこなわれる。

・8月5日　名古屋・松坂屋に**代用品売り場が登場**。商工省は牛豚の代用に、うさぎ・羊・鯨の食用化を奨励。

・9月1日　衣服改善刷新委員会を通じて**国民服が制定**される。商工省は**新聞用紙制限令**を実施。

・9月15日　国産代用品普及協会が設立される。

・9月28日　大日本婦人団体連盟主催の**不用品交換即売会**が府商工

奨励館で開催される。
・１０月２０日　警視庁は塩の節約から、盛り場などの盛塩を禁止。
・１０月２４日　森永製菓はブリキ禁止から容器を紙箱に変更。
・１２月８日　専売局がパルプ不足からタバコの空箱回収運動を始める。

　この一連の動きを通して、国民精神総動員本部が１９４０年（昭和１５）に、「**贅沢は敵だ！**」、「**贅沢品より代用品**」との贅沢禁止標語を振りまき、国民を煽り駆りたてます。
　恐ろしい時代です。個人の趣味や嗜好までも「贅沢だ」と介入して禁止を強要するのですから…。それを国防婦人団体や節約協会など総動員遂行の報国団体を使って人同士の監視のもとで展開したのです。互いが疑心暗鬼になって不信感も積もっていきました。
　エスカレートしていく"狂気の沙汰"をいくつかの事例を拾って追ってみましょう。

○パーマネントの禁止…風紀の面でお上が気に食わなかったのが女性のパーマネントでした。１９３９年（昭和１４）の６月には、男子の長髪と合わせて女子のパーマネントウエーブを禁止する「生活刷新案」が閣議決定されました（写真12）。

パーマネントは「**我が国の醇風美俗に反する**」として、業者の新設、移転などが禁止され、宝塚劇場ではスターを除いた劇団員のパーマネントを禁止にしています。資生堂は原材料事情悪化によって化粧品１１４品目の製造を中止しています（１２月）。

（写真12）「パーマネントの禁止」

出典：『目撃者が語る昭和史〈第５巻〉日中戦争』高梨正樹 編　新人物往来社

〇**映画・演劇の規制**…この頃から映写機の製造禁止、蓄音器の販売禁止が取られますが、これは鉄・石炭・電力の製品の制限とともに「贅沢品」への規制措置のひとつでした。１９４０年（昭和１５）の８月３０日には学生生徒の映画・演劇観覧は土曜と日曜に限定されました。また、「支那事変特別税」、「臨時租税措置法」が施行され（４月１日）、劇場などの入場料に１割が課税されることになりました。

〇**ダンスホールの閉鎖**…１９４０年１０月３１日にはダンスホールが閉鎖させられました。その当時の国内のダンスホールは以下の通り（野島正也論文「社交ダンスの社会史ノート（１）戦前の日本における社交ダンスの展開」より引用）。

〔東京市〕　新橋、フロリダ、銀座、国華、日米ユニオン、和泉橋、帝都

〔神奈川県〕　金港、太平洋、フロリダ、オリエンタル、メトロ、カールトン、花月園、東横、川崎

〔埼玉県〕　シャン・クレール、バル・タバラン、エル・キャピタン

〔千葉県〕　千葉

〔静岡県〕　熱海

〔群馬県〕　東山荘

〔新潟県〕　イタリア軒、孔雀

〔石川県〕　金沢

〔兵庫県〕　花隈、キャピトール、ダイヤ、ソシャル、西宮、ガーデン、尼ヶ崎、キング、パレス、タイガー、宝塚、鈴蘭台

〔滋賀県〕　東山、桂、京阪、琵琶湖

〔奈良県〕　生駒

〔大分県〕　亀井、オリムピック、ビリケン、パレス

〇**帝国国民服の制定**…１９４０年（昭和１４）１１月には「大日本帝国国民服令」※が公布され、普段の服装までに節約の手がおよん

だのでした^(写真13)。

※「大日本帝国国民服」 1940年（昭和15年）に定められ使用された男子の制服。厚生省と陸軍省の管理下にあった被服協会が創定した。着用は強制されなかった。国民服は上衣、中衣、袴（はかま）、帽子、外套（がいとう）、手袋、靴の制式が決められた。女性の国民服も「婦人標準服」として1942年に発表されたが普及しなかった。

（写真13）「大日本帝国国民服」

出典：『朝日歴史写真ライブラリー 戦争と庶民 1940-1949 第1巻』朝日新聞社

■「代用品時代」の情景

なんでもかんでも「贅沢品」に見えて、レッテルを貼られ、「欲しがりません、（聖戦に）勝つまでは」の耐乏生活に国民はのみ込まれていったのでした。

この物資統制のもとで、生活必需物資が不足し、個人消費の支出は低下の一途をたどります。

個人消費支出指数は、1937年（昭和12）を100とした場合、41年＝81.9、42年＝78.3、43年＝73.9、終戦の前年の1944年が60.9とみるみる購買力が低下しています。物を買い消費する力が干上がっていったのです。

国民はこの困窮をなんとか乗り越えようとして、物資不足を「代用品」で耐えしのごうと懸命に努めました。そのけなげな工夫と努力には生命ある者のしたたかな力強さを感じながらも、父や母たちがなめた塗炭の苦しみを思い浮かべると、どん底の窮乏生活に国民を追いやった時の権力の強権ぶりには憤りをおぼえます。

この暗い時代を「**代用品時代**」と呼んでいます。服の布地は薄くてほどけやすいスフ製――木材などを原料にした人造繊維――に。鉄製の井戸用手押しポンプは鋳物に代わっていきました。いずれももろく、壊れやすかったと言います。

　競技団体や運動部なども物統令の影響を最小限に抑えるために、「代用品」の調達に走りまわる涙ぐましい努力が続きました。しかし、ただでさえ当時の加工技術は発展途上の段階にあって、スポーツ用器具の消耗が早かったのですから、「代用品」はさらに粗雑で壊れやすく、品不足を解消できるものではありませんでした。
　なかでも、ゴムと皮革の用具からなる球技系スポーツでは存亡がかかっていました。「代用品」時代の悲劇の証言を、『横浜スポーツ百年の歩み』から拾いました。

- 「靴も底皮がファイバーの板になって了(しま)ひましたので、暫(しばら)く履いていると土踏まずの所で割れて了(しま)ひます。亦、釘がよく効かないので、履いている間にボッチがポロリと取れる様になりました。」（ラグビーの場合）
- 「正式には牛皮のボールだったわけです。それがだんだん豚皮のボールになり、そのうち馬皮のボールになったわけ。馬皮のボールというのはすぐ変形しちゃうしね。サーブなんか打ったらとんでもない所へものすごいいいサーブが入るわけだ。」（バレーボールの場合）

　中学から高校までバレーボールに親しんだ私ですが、戦後１５年を経た当時でも皮革のボールは水を吸って重く、乾くと皮革がはがれたことを記憶しています。それを防ごうと授業中にも懸命にワセリンを塗って磨きあげるのが部員の日課でした。戦時中の状況はそれ以上の粗悪品ですから、大事に使うための苦労は並大抵ではなかったことでしょう。
　テニスのゴム使用制限も深刻でした。日本庭球協会は、１９３９年

（昭和14）の3月にゴム使用統制にもとづく大会の制限を検討し、5月には「デ杯」への参加を中止しています。

また、日本学生庭球連盟関東支部は、同じく5月にゴム配給制限によるボール払底（＝品切れ）でリーグ戦などの中止、組織や大会の統合整理を決定しています。

テニスといえば、戦前には国際的水準を誇っていたスポーツです。オリンピックで日本選手が最初のメダルを獲得したのもテニス※でした。とくに女学校では軟式テニスが盛んにおこなわれていました。それが火が消えるように細り、衰微していったのです。

（写真14）「熊谷一弥選手」

出典：ウィキメディア・コモンズ

※**オリンピック最初のメダル** 1920年（大正9）の第7回オリンピック（アントワープ）でテニスに出場した熊谷一弥がシングルスで2位、柏尾誠一郎と組んだダブルスで2位となり、日本選手初のオリンピックメダリストとなった（写真14）。

野球の硬式ボールも皮革と綿糸の制約を受け、下地にスフ布を巻いたものになり、「飛ばないボール」となりました。とくに1939年（昭和14）ごろから顕著になり、「**粗悪球時代**」と呼ばれました。ですから、ファンを熱狂させていた川上哲治（巨人）の"弾丸ライナー"※などの鋭い当たりが消え、試合のだいご味が薄れていきました（写真15）。

職業野球（現在のプロ野球）は軍部の圧力を受けて1940年（昭和15）

（写真15）「戦時中の川上哲治」

出典：『真説日本野球 昭和篇その四』大和球士 著

秋から「引き分け試合を廃止」したことで、こんな現象が起こったと、大和球士氏は著書『真説　日本野球』(昭和篇その四)で記しています。

・「引き分け試合を廃止したために起こった現象としては、**打てど飛ばないボールを使用していたために、延長戦がやたらに増加したこと。**」

・「飛ばないボールを打って三割打者たることは容易なことではなかった。零点試合…片方のチームが１点もとれなかった試合の、年ごとに増加した実状を報告しておきたい。

　　昭和１１年…試合数１４８　零点試合数２７（１割８分２厘）
　　昭和１２年…試合数４２０　零点試合数８０（１割９分１厘）
　　昭和１３年…試合数３２０　零点試合数６３（１割９分７厘）
　　昭和１４年…試合数４３２　零点試合数１１５（２割６分６厘）
　　昭和１５年…試合数４６９　零点試合数１４７（３割１分３厘）

　※弾丸ライナー　川上哲治（巨人）の打球は目にも止まらぬ速さで飛び、野手も対応できなかったほどだった。それを野球ライターの大和球士が"弾丸ライナー"と呼んだ。川上の赤バットも人気を博し、戦時中の気分とも結びついて弾丸ライナーがファンを魅了した。しかし、「粗悪球時代」に入るとそのバットも湿りがちとなっていった。川上は戦後も"打撃の神様"と呼ばれて活躍、巨人の監督時代には前人未到の日本一９連覇を成し遂げた。

■「カボチャの唄」が流れ

　各種あるスポーツの中で体操、陸上競技、水泳などの軍事の体力向上・増強に役立つもの以外のスポーツは、「贅沢だ」と決めつけられました。

○…「スキーに行くなど贅沢だ」と白眼視され、それをみた全日本スキー連盟は１９４０年（昭和１５）１２月に、スキーヤーに対して「自粛と規律・統制の範を示されたい」と要望しました。

○…日本ゴルフ協会も、１９４０年（昭和１５）９月１２日に自粛綱領を発表し、ゴルフクラブを抱えて移動する会員の自戒を求め

ています。

『ゴルフジャーナル』誌の「特集　ゴルフ場の１００年」では、「１９３７年（昭和１２）の日支事変から第２次世界大戦に至る軍事体制は、ゴルフ場に大きな変化をもたらした。そのほとんどが軍事施設地として閉鎖に追い込まれた。その１つに、『武蔵野カンツリー倶楽部』がある」と記し、以下の関連記事を紹介しています。

- そんな栄えたゴルフ場も、戦争の影響を受けた。六実、藤ヶ谷（いずれも「武蔵野カンツリー倶楽部」が移転）とも開戦とともに、１９４４年（昭和１９）**陸軍用地として強制徴用を受けて閉鎖。解散**を余儀なくされ、そのまま歴史の幕を閉じた。
- この他にも、関東随一の美しさと称されていた藤澤カントリー倶楽部や、川崎市小向の…川崎ゴルフ倶楽部など、**約１０以上のゴルフ場が戦後復活することなく、消滅**した。これらがもし存在し、その伝統や長所を後に引き継ぐことができていたら、現在のゴルフ場の姿も、違っていたかもしれない。（「戦前のゴルフ場の設置状況」に関しては〔表２〕を参照）

アジア・太平洋戦争に突入した１９４１年（昭和１６）以降は、いちだんと物資統制がきびしく布かれ、物品の配給も滞っていきました。スポーツ用具の品薄が深刻となり、スポーツ活動の停止を余儀なくされました。『横浜スポーツ百年の歩み』は、戦争末期の横浜のスポーツ事情を、こう記しています。

「…（昭和）１８年になるとスポーツ用具の品不足が深刻になった。この年、横浜高工ラグビー部に配給されたのは、ボール１、２個とジャージー１着程度の購入券であった。これに加え、食料管理の実施、軍需物資輸送のための旅行制限、**スポーツ施設の農園化や防空施設への転用**などにより、スポーツ競技会の開催は不可能になった。」

スポーツ施設の農園化は全国各地でなされました。学校の運動場、

陸上競技場、野球場、テニスコート、公園など広場という広場がサツマイモ畑やカボチャ畑に変わっていきました。当時、渡辺はま子の『カボチャの唄』※が流れ、「まず、カボチャを植えよ」と呼びかけたのでした。

〔表2〕 戦前のゴルフ場の設置状況（部分）

名　称	所在地	設置年	記　事
神戸ゴルフ倶楽部	兵庫県	１９０３年	
雲仙ゴルフ場	長崎県	１９１３年	長崎ゴルフ倶楽部のコース
仙石ゴルフコース	神奈川県	１９１７年	仙石原ゴルフ倶楽部
旧軽井沢ゴルフ倶楽部	長野県	１９１９年	軽井沢ゴルフ倶楽部
軽井沢ゴルフ倶楽部	長野県	１９１９年	１９３１年に移転
鳴尾ゴルフ倶楽部	兵庫県	１９２０年	１９２８年に移転
垂水ゴルフ倶楽部	兵庫県	１９２０年	
程が谷カントリー倶楽部	神奈川県	１９２２年	日本最古の１８ホール
茨木カントリー倶楽部	大阪府	１９２５年	
古賀ゴルフクラブ	福岡県	１９２６年	福岡ゴルフ倶楽部
宝塚ゴルフ倶楽部	兵庫県	１９２６年	旧コース
函館ゴルフ倶楽部	北海道	１９２７年	９ホール
小樽カントリー倶楽部	北海道	１９２８年	１８ホール
川奈ホテルゴルフコース	静岡県	１９２８年	大島コース
名古屋ゴルフ倶楽部	愛知県	１９２９年	和合コース
霞が関カンツリー倶楽部	埼玉県	１９２９年	日本最古の３６ホール
岡山霞橋ゴルフ倶楽部	岡山県	１９３０年	岡山ＧＣの前身
岡山ゴルフ倶楽部	岡山県	１９３０年	１９５３年に移転
別府ゴルフ倶楽部	大分県	１９３０年	
我孫子ゴルフ倶楽部	千葉県	１９３０年	
富士ゴルフコース	山梨県	１９３５年	
仙塩ゴルフ倶楽部	宮城県	１９３５年	９ホール
那須ゴルフ倶楽部	栃木県	１９３６年	
唐津ゴルフ倶楽部	佐賀県	１９３７年	
小金井カントリー倶楽部	東京都	１９３７年	

私が生まれた筑豊炭鉱の福岡県田川市にも、実業団や学生野球の試合が掛かった立派なグラウンドがあったと聞きました。"三井のグラウンド"と呼ばれていた球場ですが、戦争がすすむなかで「家まで歓声が聞こえていたのが、音が消えて、芋畑に変わった」と、父が語ったことがありました。

（写真16）　「南瓜宣伝挺身隊」

出典：『シリーズ20世紀の記憶』『大日本帝国の戦争2』毎日ムック

※『**カボチャの唄**』　１９４４年（昭和１９）に発表された歌謡曲。サトウハチローが作詞、古賀政男が作曲、渡辺はま子が歌った。コロンビアからレコード発売。

「贅沢品より代用品」の喧伝はスポーツの自衛策にもならず、スポーツ活動を制約し衰退させるばかりでした。それは、文化的な発展を停滞させ、スポーツの魅力や光沢を奪い、弾んだ掛け声と歓声の音の消えた競技場は食料補給の基地に変わり果てていったのです。戦争が結果する現象でした。

野球少年だった私が最初に手にしたグローブは布製でした。母が厚い生地に太い針を通して縫ってくれたものです。「戦争中はみんな代用品だったのよ」としょげ顔の私を母は諭しました。

「代用品」という用語の意味はよく分らなかったのですが、幼い心には物悲しい響きがありました。戦間期の子どもたちは「代用品」を強いられて、どれだけ思い描いていたスポーツ選手になる夢をしぼませていったことでしょうか。いまは立派な皮革でつくられた野球のグローブを見るたびに、過去の悲惨さに思いを寄せるのは、幼い日の「代用品」を体験した記憶にかかわっていると言えるでしょう。

追跡④

球場は廃墟となり、軍事基地化していった

> 鉄、鉄、鉄…戦争はとにかく鉄だと叫びます。国家総動員体制のもとであらゆる鉄製品、金属類が軍部に供出させられました。スポーツ分野も例外ではありませんでした。球場の屋根や椅子などの鉄製品が供出されて廃墟のようになった球場や競技場、その多くは高射砲台や軍事トラックの基地となり、芋畑に変わっていきました。ここでは、その悲しい光景を追跡します。

🔍 その1．金属回収令による鉄製品の徴集

■「家庭鉱脈」を回収しつくせ

　鉄砲、軍刀、大砲、砲弾、戦車、軍艦、戦闘機…。兵器と軍事資材の大量生産と供給に追われる軍国政府は、鉄や金、銅などの金属類を国民および法人、事業所から命令でむしり取るように供出させる措置を取りました。「聖戦だ　己殺して国生かせ」と号令して——。

　国民にくだされた鉄などの金属類の供出命令とその取り組みの動きを見てみました。

〔１９３８年（昭和１３）〕

- ７月７日　支那事変勃発１周年のこの日、国民精神総動員中央連盟が主体となって、不要となった金属類を供出する「一戸一品献納運動」が奨励された。廃品に限られ、金属なら鉄棒、銅、亜鉛等も不用品とされた。
- １１月２１日　**鉄屑配給統制規則を公布**（１２月１日施行）。

〔１９３９年（昭和１４）〕

- １月９日　臨時閣議で「国民精神総動員強化方策」を決定。**金属回収などで隣組制度を強化**する事に。

- １月１０日　商工省は**「敵機を受けるか、鋼鉄出すか」**という標語のもとに**「鉄製不急品回収令」**を発令、金属の回収を始めた。ポスト、ベンチ、広告塔、電灯、マンホール蓋、鉄製看板、表示塔、ガス燈など１５品目が指定され回収された。
- ５月５日　東京府国民精神総動員実行部は**金属製品買い上げ運動**を開始。

〔１９４０年（昭和１５）〕
- ９月１日　政府が**「金属類回収令」**を公布。

〔１９４１年（昭和１６）〕
- ５月１２日　内閣、金属回収令による**強制譲渡命令**を発動。

〔１９４２年（昭和１７）〕
- 各県は、**資源特別回収実施要綱**を定めて大々的な回収に乗りだした。

〔１９４３年（昭和１８）〕
- ４月に「金属類回収令」を改正。**「まだある金属出せいまだ」**の呼びかけで非常回収が強化された。
- ９月には東京都が**金属非常回収工作隊**を結成し、都庁以下全役所と国民学校・中学校の暖房器機から回収をはじめた。
- １１月　「まだ出し足らぬ家庭鉱」のスローガンの下で、回収が強行された。

「金属類回収令」（１９４０年）は、第２条で「回収物件とは**鉄、銅又は黄銅、青銅その他の銅合金を主たる材料とする物資**にして閣令をもって指定するものをいう」と規定しています。回収範囲は、国内だけにとどまらず、植民地の朝鮮、台湾、占領地の樺太や南洋諸島と海外までもおよびました。

　具体的な金属類回収物件には、ポスト、広告塔、電灯、マンホールの蓋、鉄製看板、表示塔、ガス燈、ベンチ、鉄柵、灰皿、学校の暖房器機…などがあげられました。

"勤勉を尊し"として各校に建立されていた、薪を背負い、寸暇を惜しんで本を呼んでいる姿の二宮金次郎（尊徳）像も銅像ということで供出の対象となりました（写真17）。

（写真17）「二宮金次郎像」
出典：ウィキメディア・コモンズ

　神戸市にあった初代首相の**伊藤博文**の銅像も供出され、石の台座を残すのみになりました。また、開港に際しての**井伊直弼**大老の功績を顕彰するため、１９０９年（明治４２）に横浜市の掃部山に建立した大老の銅像も太平洋戦争中金属供出により撤去されました。

　さらに、地方鉄道の線路も供出されることになり、複線の鉄道線路は単線にさせられました。例えば、愛媛県松山市の伊予鉄道高浜線松山市〜高浜間９．４キロが線路のレール供出のために、１９４５年２月２１日から単線運転となっています。

　家庭で使われていた金属類には「**家庭鉱脈**」との新語まで付けられました。そして、監視の目が隣組や国防婦人団体から向けられ、「**まだある金属出せいまだ**」、「**まだ出し足らぬ家庭鉱**」と呼びかけながら何度も何度も回収・供出を求められました。

　私的な所持品までも取り上げるのですから、まったくたまったものではありません。対象となった家庭の生活用品には次のようなものがありました。

　　鍋釜、火鉢等鉄製品、タンスの取手、蚊帳の釣り手、鉄びん、花器、仏具、窓格子、金銀杯、時計側鎖、煙管、置物、指輪、ネクタイピン・バックル…。

　さらに子供の**金属製玩具**にまで目を付けて、そのため、戦間中の子供の玩具は竹製や木製になっていきました。こうした史実を追いながら、私は「子どもも泣かす家庭鉱」という悲しい思いになりました。

よくもこんなことで戦争をしたものだと…。

■寺や神社は名利の梵鐘を

よく知られている金属類の供出物件としては、寺や神社の梵鐘（ぼんしょう、つりがね）があります。さきの追跡３の項でも、１９３９年（昭和１４）の７月２２日に、大阪四天王寺では世界最大級の梵鐘を国家に献納することを決定したとの記事を紹介しました。

回収場所にはゴロゴロと置かれた梵鐘の山ができたほどです（写真18）。現在ある神奈川県内の寺院の梵鐘で「供出」に関した記録を記しているものを、インターネットの『金属供出（梵鐘等）』の検索から〔表３〕にまとめておきました。

(写真18)　「供出された梵鐘」

出典：『画報 近代百年史 第六巻』日本近代史研究会 編 世界文化情報社

多くが古い鋳造の由来を持ち、「名鐘」と呼ばれていたものも少なくありません。供出されて失い、そのほとんどが戦後になって檀家衆らによって再建されて現在に至っています。中には、出させるだけは出させておいて、結局使わずに回収場所に放置した梵鐘もありましたし、いまでも梵鐘が戻って来ないまま廃屋となっている鐘楼も見かけます。

再建された梵鐘に刻まれた「供出」にかかわる記事には寺院の思い思いの心情もあらわれていて感慨深いものがあります。

・「洪鐘も供出の止むなきに至り」（鎌倉市・満福寺）
・「國策の為 余儀なく供出せられたり」（三浦市・来福寺）
・「惜別の情を以て 供出の止むなきに至り」（藤沢市・柄沢神社）…。

梵鐘に寄せる檀家衆の悔しい思いがにじみ出ています。仏までもが戦争に駆り出されることに、人びとは納得のできない気持ちになっていたのです。

〔表３〕 神奈川県内の寺院が供出に関した記録を刻む梵鐘

地区	寺院名	梵鐘に刻字された供出の記録
横須賀市	不断寺	昭和拾九年太平洋戦争にて國家の硬盾なり消ゆ
	良心寺	昭和十八年四月爲大東亜戦意昂揚挙 國供出金属出征梵鐘
	福本寺	供出の難を逃れる。大東亜戦起諸寺鐘多被没収此鐘幸免難
	満昌寺	今次大東亜戦争勃発國家擾々之間當山三百年來所懸梵鐘被徴集
	浄土寺	梵鐘は大東亜戦争中供出。しかし、鋳潰されず横須賀海軍工廠に置いてあったため、戻ってきた。
	曹源寺	大東亜戦争□献納
	大光寺	昭和十七年十一月第二次世界大戦に応召供出す
	妙蔵寺	太平洋戦争之時 爲国家徴用供出失之
鎌倉市	満福寺	洪鐘も供出の止むなきに至り
三浦市	来福寺	第二次世界中の昭和二十年國策の爲 余儀なく供出せられたり
	福泉寺	第二次大戦により供出せり
	浄称寺	大東亜戦争中に供出され、鐘楼のみが残る。
葉山町	新善光寺	昭和二十年八月十五日當山梵鐘の供出も功 成らず
	本圓寺	太平洋戦のため供出の厄に遇い其の尊形を失い
横浜市磯子区	願行寺	昭和十九年太平洋戦争に際し國の要請に応へて供出したる
	篁修寺	今次大東亜戦争罹醸出之難
横浜市金沢区	宝勝寺	一旦、供出されたが、不思議な縁で元の寺院に戻ってきた
	薬王寺	大東亜戦に供出し
	光傳寺	昭和 十七年十一月八日第二次世界大戦ニ供出
	天然寺	昭和十七年五月大東亜戦争のため献納し
横浜市戸塚区	成正寺	太平洋戦争の最中再び国家存亡のため軍に供出
	長福寺	昭和十八年太平洋戦争の時供出して鐘楼だけ淋しく 残った
	親縁寺	大東亜聖戦目的完遂の為め昭和十七年十一月八日供出せり
	永勝寺	昭和の大戦に再び砲煙に滅す
	御嶽神社	第二次大戦の末期 昭和十九年国家資源総動員令発令と共に惜別
	福泉寺	昭和十六年太平洋戦に當り梵鐘の応召を受く
	徳翁寺	昭和十八年偶々世界大戦の 激發により挙世乱遂に應徴し兵器に 供せられ
	北天院	太平洋戦争の徴に遭うて梵音忽ち 消ゆ

横浜市旭区	三佛寺		昭和十七年太平洋戦争に際し梵鐘は軍の兵器として供出せられたり
横浜市栄区	光明寺		昭和十九年大東亜戦に梵鐘佛具等供出し
	玉泉寺		昭和十七年戦争遂行のため一切の金属類と共に徴発されて兵器となり
横浜市泉区	永明寺		昭和十八年偶々世界大戦の激発により挙世乱遂に応召し兵器に供せられ
	飯田神社		太平洋戦争末期軍需物資として供され
	密蔵院		太平洋戦争之因 官命供出
藤沢市	万福寺		人災により梵響絶ゆ大東亜戦の軍需供出なり
	伊勢山公園		昭和18年に供出され。以降そのままになっている。
	柄沢神社		昭和十九年大東亜戦争末期惜別の情を以て 供出の止むなきに至り
	遊行寺（手水鉢）		大東亜戦争の戦火に遭い 資源不足の為止むなく供出され
	感応院		昭和十八年二月十日蒭 憲量仍政令供出
	諏訪神社		大東亜戦争に際会し昭和十九年國家に供出し
	雲昌寺		太平洋戦争に應召絶えて梵聲響き無きを悲しみ
	若宮神社		昭和十四年（一九三九年）世界大戦が勃発し同大戦中、國家資源総動員の爲昭和十九年國へ 献上
	宇都母知神社		国家資源総動員の為 昭和二十年鐘を国に献上する
	大庭神社		太平洋戦争の末期、敗戦の色濃く日本全土を覆うに至り軍需物資として此の梵鐘は供出され
茅ヶ崎市	上行寺		旧梵鐘は第二次世界大戦末期供出され
	八幡宮		第二次世界大戦に際し 昭和十八年五月由緒深き梵鐘は軍事資材として供出し
	第六天神社		大東亜戦争當時鐘は供出せられたる
	鶴嶺神社		大東亜戦争に際し国家に献納す
	日枝神社		昭和十八年第二次世界大戦のため神鐘を供出し
	松尾大神		昭和十八年大東亜戦争のため供出されし
	龍前院		第二次世界大戦の供出もまぬがれ
	神明大神		昭和十八年五月軍事資材として 供出するに至れり
	妙傳寺		昭和十八年十一月軍用資材として供出のやむなきに至る

平塚市	前鳥神社	太平洋戦争中金属回収に際し供出
	真土神社	大東亜戦争のため昭和二十年晩春戦力増強の資に供した
	御霊神社	昭和十六年大東亜戦争勃発するややがて徴発のやむなきにいたり
	八坂神社	当時の古鐘は太平洋戦争時徴発されし
寒川町	景観寺	第二次世界大戦末期に国家資源不足により景観寺の鐘も供出する
	貴船神社	大東亜戦争遂行のため昭和十九年晩秋戦力増強の資に供した
南足柄市	最乗寺	昭和十九甲申四月十四日太平洋戦役之徴化 作兵器

■優勝杯や天皇賜杯も

 では、スポーツ分野での鉄製品の軍部への供出の状況を見てみましょう。これを推進したのが、大日本体育協会とそれを改組して報国団体となった大日本体育会──この改組については別のシリーズで触れます──でした。

 同協会（会）はこの「献納運動」を率先垂範します。競技種目ごとに所持されていた金属で作られている優勝杯やレプリカ、メダルを軍事資材として献納したことは前述しました。それにならって個人が競技会で取得した記念のカップや盾も供出・回収の対象となりました。

 香川県多度津町が２００９年に開催した戦争資料展「代用品の時代」では、戦前のオリンピックの競泳でメダリストとして活躍した遊佐正憲さん※の遺品、「極東オリンピック優勝カップ」を展示しました[写真19]。展示された優勝カップは当時の貴金属回収のため、銀の飾りの部分がはぎ取られて供出されていました。

 戦前、"不世出の女性ランナー"と呼ばれた人見絹枝さん※は、オリンピックの陸上競技に初めて女子種目が採用された１９２８年（昭和３）のアムステルダム大会の８００ｍで銀メダルを獲得しました[写真20]。

 その時に授与されたメダルは、のちの２０００年になって人見さん

※遊佐正憲（ゆさ まさのり）　香川県仲多度津町出身。日本大学に進学、１年次の１７歳で出場したロサンゼルスオリンピック（１９３２年）800メートルリレーで宮崎康二、横山隆志、豊田久吉とチームを組んで金メダルを獲得。続くベルリンオリンピック（１９３６年）100メートル自由形で銀メダル、新井茂雄、田口正治、杉浦茂雄とチームを組んだ800メートルリレーで金メダルを獲得。

※人見絹枝（ひとみ きぬえ）　１９０７年（明治40）〜１９３１年（昭和6）。岡山県御津郡（現南区）出身の陸上競技選手、ジャーナリスト。日本人女性初のオリンピックメダリスト。１００ｍ競走、２００ｍ競走、走幅跳、の元世界記録保持者。第１２回オリンピック（アムステルダム）に出場、初実施の８００ｍで銀メダルに輝いた。

（写真19）　「遊佐正憲選手」

出典：ウィキメディア・コモンズ

（写真20）　「人見絹枝選手」

出典：ウィキメディア・コモンズ

が使用していた寝具のなかに隠すように仕舞ってあったそうです。歴史を刻む貴重な遺品です。人見さんは１９３１年（昭和6）に早世していますから、きっと家族が供出から逃れるために大事に仕舞っていたのでしょう。家族の思いが伝わってくるエピソードです。

　大相撲の本場所優勝力士に授与される天皇賜杯（＝賜盃）――天皇から家臣に下賜される優勝杯――までも取り上げられました。この賜杯は、１９２５年（大正15）4月に摂政宮（のちの昭和天皇）の誕生日を祝賀する台覧相撲――天皇・皇室に奉納する相撲会――の折に、奨励金として下賜金が出され、それを元手に作った「摂政宮賜杯」で、銀製のカップです（写真21）。

その優勝賜杯が１９４４年（昭和１９）になると「金属類回収令」にもとづいて供出されることになり、そのために銀杯に似せた模杯で代用することになりました。この時期に、大日本相撲協会の理事長であった出羽海秀光氏は著書『私の相撲自伝』で、天皇賜杯供出の模様をつぎのように記述しています。

（写真21）「大相撲の銀杯も供出された」

出典：『シリーズ20世紀の記憶』「大日本帝国の戦争2」毎日ムック

- 「このころから――昭和１９年――、政府では銀製品の回収にものり出し、ひろく民間にその供出方をもとめたが、相撲協会にもその白羽の矢が立ち、銀杯の供出を求めてきた。」
- 「協会を代表して、わたしは政府から派遣された石渡荘太郎、迫水久常両氏にお目にかかった。銀杯は力士にとって、その全生命をかけて漸くかち得た、いわば**血と汗の結晶**である。しかし、それも国のためになることならと思い、天皇杯の模杯のみをのこして、**これらの手離しがたい記念杯**を供出することに応じたのであった。」
- 「その銀杯の献納式がこの場所（１１月）４日目の中入り後に行われた。双葉山を筆頭に、羽黒山、照国、前田山、名寄岩たちに交って、わたしも現役時代に獲得した３０あまりの、優勝時、その他いずれも**秘蔵の銀杯**を、（供出のために）土俵の台上にならべた。…土俵はおびただしい銀杯で山をなした。かくて、わたしたちが**幾多熱闘の思い出をつづる銀杯**は、厳粛のうちに献納されたのであった。」

出羽海理事長が述懐するように、天皇賜杯をはじめ大小さまざまな銀杯には熱闘の思い出がつづられていて、まさに秘蔵の宝物でした。おそらく身を切られるような思いだったでしょう。

六大学野球に１９２６年（大正１５）に下賜されていた天皇杯＝東

宮杯（摂政杯）は、同大学リーグの中止――１９４３年（昭和１８）――とともに宮内省に返納したそうです（写真22）。

こうして供出された金属類は、はたして有効に利用されたのか、どれぐらい兵器製造に貢献できたのか、はなはだ疑問が残ります。こんな錬金術まがいのやり方ではたして軍用器具ができたのかも疑わしいかぎりです。

（写真22）「東京六大学野球天皇杯」

出典：『半世紀を迎えた栄光の神宮球場』明治神宮外苑 編 明治神宮外苑

■もぎとられた椅子や屋根

軍部への鉄製品の供出でスポーツにとってもっとも大がかりで被害甚大だったのが大小の野球場でした。球場には鉄製の椅子、バックネットの金網、屋根を支える支柱など鉄製品の量も多く、試合禁止を契機にして軍部が"鉄材の宝庫"として狙い撃ちしたのでした。

とは言っても、当時の球場といえば学生野球のメッカの明治神宮球場、中等野球の殿堂の甲子園球場、職業野球（＝プロ野球）の後楽園球場など、全国的にもそれほど多くはありませんでした（表4参照）。それだけに大会・試合の拠点を失った影響には大きいものがありました。

主な球場の鉄製物の供給の事例を見てみましょう。

〔北海道・札幌丸山球場〕　１９３４年（昭和９）夏の札幌神社外苑球場として竣工。戦時中はバックネットや金網などの金属製品が回収され、フィールドも畑や資材置場となった。

〔東京・洲崎球場〕　１９３６年（昭和１１）１０月に竣工。１９４３年（昭和１８）に解体され、木材置き場となっていた。

〔東京・後楽園球場〕　１９３７年（昭和１２）に竣工。１９４３年（昭和１８）１０月３１日に、「金属回収」の指令にもとづいて、スタンドの金属製取付け椅子１万８，０００個を取り外して供出した。スタンドには「首都防衛」と高射砲台が据えつけられた。（詳しくは次節で）

〔兵庫・甲子園球場〕　１９２４年（大正１３）に竣工、中等野球大会のメッカとなる。１９４３年（昭和１８）に甲子園球場や周りの施設は軍が接収し、"大銀傘"と呼ばれた名物の屋根の鉄柱が「金属類回収令」のために供出を余儀なくされた。しかし、その鉄柱は結局使われずに神戸製鋼の工場内に放置された。スタンドは高射砲陣地、グラウンドは芋畑となり、１９４５年（昭和２０）８月６日に連合軍の空襲を受けた。（詳しくは次節で）

〔兵庫・阪急西宮球場〕　１９３７年（昭和１２）に開場。日本初の鉄傘付き二階席のほか、当時としては異例の背付き椅子を備えた内野席、観客席は５万７千人を収容。金属類回収令による鉄材供出まで使用され、バックスタンドには鉄傘が設けられていた。

〔大阪・藤井寺球場〕　大阪の野球場、藤井寺球場は１９２８年（昭和３）に完成。１９４３年７月２日からおこなわれた解体工事で大鉄傘は供出となり、球場は若者の錬成道場に変わった。

〔福岡・小倉到津球場〕　１９２３年（大正１２）に完成。門司鉄道管理局野球部と八幡製鉄野球部との「製門戦」がかかったが、第二次世界大戦中に閉鎖となった。

　球音に生命が宿る球場――。それが屋根をはずされ、スタウンドは風雨にさらされ、高射砲がむなしく空をにらむ、そんな廃墟の残滓（ざんし）はこの戦争がまねいた残酷絵巻でした。息のつまりそうな光景に、生命を絶つ戦争はスポーツとほど遠い醜い破壊の世界であるとの思いが募ります。

〔表4〕 戦前に開設された野球場（主に職業野球が使用した球場）

設立年	球場名	所在地	設立年	球場名	所在地
1902年	戸塚球場	東京	1932年5月	旭川市営球場	北海道
1913年9月	奈良春日野球場	奈良	1932年9月	群馬県営敷島公園球場	群馬
1915年4月	横浜公園平和野球場	神奈川	1933年4月	水戸水府球場	茨城
1922年6月	宝塚球場	兵庫	1933年5月	高知市営球場	高知
1922年	山本球場	愛知	1933年6月	飯田城下球場	長野
1923年	小倉到津球場	福岡	1933年6月	岐阜県営野球場	岐阜
1924年8月	阪神甲子園球場	兵庫	1934年9月	花巻市営球場	岩手
1924年11月	西大寺球場	岡山	1934年11月	埼玉県営大宮公園球場	埼玉
1924年	御健公園野球場	広島	1934年	堺大浜球場	大阪
1924年	春日原球場	福岡	1934年	札幌丸山球場	北海道
1926年8月	長野市営城山野球場	長野	1935年5月	山梨球場（県営甲府）	山梨
1926年9月	長野県営松本球場	長野	1936年8月	上井草球場	東京
1926年10月	明治神宮球場	東京	1936年9月	新潟白山球場	新潟
1926年	美吉野球場	奈良	1936年11月	洲崎球場	東京
1927年	鳴海球場	愛知	1936年11月	高崎市営球場	群馬
1928年3月	上田市営球場	長野	1936年12月	仙台評定河原球場	宮城
1928年3月	豊川球場	愛知	1937年5月	阪急西宮球場	兵庫
1928年4月	八幡大谷球場	福岡	1937年6月	千葉寺公園野球場	千葉
1928年5月	藤井寺球場	大阪	1937年9月	後楽園球場	東京
1928年10月	熊本市営水前寺野球場	熊本	1937年9月	太田市営球場	群馬
1928年11月	桐生新川球場	群馬	1938年3月	盛岡市営球場	岩手
1928年	防府市設野球場	山口	1938年4月	上砂川球場	北海道
1929年7月	福知山市民球場	京都	1938年	福島市信夫ヶ丘球場	福島
1929年9月	徳島西の丸球場	徳島	1939年1月	香椎球場	福岡
1930年8月	柏崎高校グラウンド	新潟	1939年5月	彦根総合運動野球場	滋賀
1930年10月	杵島炭坑グラウンド	佐賀	1939年5月	奈良市営球場	奈良
1930年	福井市立高校グラウンド	福井	1939年8月	中百舌鳥球場	大阪
1931年10月	別府市営別府球場	大分	1940年7月	函館市民球場	北海道
1932年3月	明石公園野球場	兵庫	1940年7月	鹿児島市営鴨池野球場	鹿児島
1932年4月	宇都宮常設球場	栃木	1943年	宇部市営恩田野球場	山口
1932年4月	神戸市民運動公園球場	兵庫			

その２．軍事基地となったスタジアム

■空襲で炎上した甲子園球場

あの見事な銀傘が金属類回収令で供出され、球音も消えた甲子園球場は、その後は軍事基地に変貌し、悲惨な運命をたどることになっていきます。

１９４２年（昭和１７）の夏に報国団である大日本学徒体育振興会が主催した「全国中等学校野球大会」を最後に、甲子園での球音は消えてしまいました。青春が躍動する球音に変わって、軍事トラックの行き交うけたたましい騒音が猛りはじめました。

軍部が甲子園球場とその周辺を接収、グラウンドの一部は軍のトラック置き場となり、残りは芋畑に替わりました。スタンドの下の部屋やロッカーは軍需工場となり、室内プールは潜水艦研究に使用されたと聞きます。スタンドには高射砲台が設置されたことで、もうそこは球場ではなく軍事基地でしかなかったのです(写真23)。

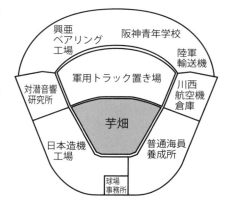

（写真23）「１９４５年の甲子園球場配置図」

やがて甲子園名物となって内野席を被っていた大屋根も、鉄傘の鉄柱が『金属回収令』で軍部に供出されました。大鉄傘の鉄柱は神戸製鋼に１トン当たり９０円（当時）、９万円で買い取られます。１９４３（昭和１８）年８月１８日、職業野球の阪神対名古屋の試合中に、「カーン、カーン」というカン高い槌音を響かせながら撤去作業が行われたと言います。

この鉄材を使って軍艦を造るはずでした。ところが、鉄柱は軍艦建造に向かないと、そのまま神戸製鋼の敷地に終戦まで放置されていたのです(写真24)。
　ずいぶんバカげて無駄なことをやったものです。それを見て、軍部が『金属回収令』を遂行するために「甲子園も屋根を供出したぞ」と見せしめの宣伝に使ったのだと、しきりに言われたそうです。

(写真24)　「大鉄傘が張り出した甲子園球場」
出典:『球場物語』ベースボールマガジン社

　球場の周辺施設も、川西航空機の工場や鳴尾飛行場などの軍事施設に転用され、甲子園の一体が軍用基地になっていきました。

　そこを連合軍が空爆の標的にしたのです。球場は幾度も連合軍の戦闘機による機銃掃射の攻撃を受けました。弾痕が残った鉄扉（てっぴ）は戦後、「関係者入口」に使われていたのですが、いまは、その鉄扉は２００７年の改築の折に撤去され、現在は甲子園歴史館に展示されています。
　最後は大空襲にみまわれました。広島に原子爆弾が投下された同じ日の１９４５年（昭和20）8月6日の未明、関西一円も米軍のＢ－２９が襲いかかりました。甲子園は標的のひとつにされ、焼夷弾（しょういだん）で炎上、黒煙が球場を包み、三日三晩燃え続けたと言います。
　「グラウンドに６０００個の焼夷弾が投下され、それが黒ずんだ芝生に突き刺さって、**６０００個の"墓場の花立て"**を思わせた。西アルプススタンドから外野スタンドまでの間は内部が焼け、球場の窓ガラスはバラバラに砕け、西アルプススタンドを支えていた鉄のアーチは、あめん棒のようにひん曲がった。」（大和球士著『真説日本野球史』）
　甲子園球場の炎上という地獄絵は、戦争と野球場とのむごい関係を

示した終末的な光景でした。

■神宮球場も火の海に

　東の学生野球のメッカ、明治神宮球場も戦争に翻ろうされました。１９２６年（大正１５）に開場した同球場は六大学野球のひのき舞台として人気を博していましたが、戦争の激化とともに"神宮の森"に響きわたっていた快音と歓声は軍部のトラックと空爆による轟音に変わり、そして、炎上しました。

　『栄光の神宮球場』（明治神宮外苑編集）から、戦間期の神宮外苑と球場の変貌ぶりを追ってみました。

- 紀元二千六百年の奉祝行事が全国的に行われた昭和１５年には、外苑においては紀元二千六百年奉祝第１１回明治神宮国民体育大会が開かれた。
- 昭和１７年３月には、外苑中央広場（現軟式野球場）は陸軍の防空陣地となり、**高射砲が据えられ、防空壕が設けられた。**「美しかった中央広場の芝生には、遊歩する都民の姿にかわり、ものものしい軍人の往来が見られた。」
- 神宮球場も非常時体制に応じ、昭和１７年秋、学生野球は中止となった。
- さらに昭和１８年８月２２日には（神宮外苑）水泳場も閉鎖された。
- 昭和１８年１０月２１日、陸上競技場は、戦場に向って旅立つ悲壮な学徒出陣の出発点となった。「銃を肩にした制服制帽の学徒がまなじりを決し、降りしきる秋雨の中を隊伍を組んで出ていった。そしてその大部分は再びこの競技場に帰ることはなかった。」
- 昭和１９年１２月２１日をもって、絵画館は閉鎖され、すべての壁画は絵画館の地階事務室と地階中央ホールに分散格納された。
- 昭和２０年４月１３、１４日の東京大空襲によって神宮は被災し、本殿および拝殿が炎上した。

- 同年5月24、25日の大空襲により、野球場は焼夷弾爆撃により一部炎上した。「野球場スタンドの下部には都民への配給用として、薪炭（しんたん）・衣料品・薬品類を格納していたが、三塁側スタンドを貫通した焼夷弾がこれらの物資に引火したため、内部はたちまちにして**巨大なかまどと化し思わぬ大損害を被った。**」

この5月25日の大空襲での神宮球場の戦禍について、同書はさらに詳しく、次のように記述しています。

「球場に格納されていた薪炭、建築資材、糧まつなど数日間燃えつづけ手のほどこしようもなかった。火勢はアーケードの鉄扉や窓わくなどを溶解し、鉄筋コンクリート造りの巨体も僅かに鉄骨の残がいが残るという惨状を呈した。…三塁側スタンドの一部は被害はもっともはなはだしく、**猛火のためスタンドに空洞のような跡を残した。**」

■後楽園は聖戦宣揚の舞台に

後楽園球場も無残でした。首都のど真ん中に職業野球（プロ野球）の殿堂然として建っていた後楽園球場です。「後楽園スタヂアム創立趣意書」は誇らしげに"野球賛歌"を謳いあげていました。

「…広く大衆的関心の下にファンの血を湧かしめ、プレイの行はるる所壮絶快哉を叫ばしむるもの依然として野球に勝るもの無く、**野球競技こそ実に大衆スポーツの王座**であり精華であることは敢えて多言を要しない処であります。」（『後楽園の25年』後楽園スタヂアム発行）

「野球競技こそ大衆スポーツの王座」と謳った殿堂は、侵略戦争の遂行と国民精神総動員体制のもとで戦意発揚の舞台へと変わっていきました。戦間中、同球場で催された主な行事を〔表5〕にまとめました。いくつかピックアップしておきましょう。

- 1937年（昭和12）の11月には、緒戦を勝利したとして「戦勝祝賀音楽と花火大会を催す。

- 翌年の戦争勃発から1周年を記念した、その名もあらわな「軍国仕掛花火大会」を開催す。
- 3年目には、侵略戦争を「聖戦」と称えて「感謝の夕」となる。
- 4年目の1941年（昭和16）には、戦争の長期化を反映して「銃後奉公愛国大会」とうたう戦意発揚の大集会となった。

〔表5〕 後楽園球場での戦意発揚の主な催しもの

年	月日	催しもの
1937年（昭和12）	11月3日	「日華事変」の戦勝祝賀音楽と花火大会
	11月25日	日独伊防共協定成立奉祝国民大会
	12月13日	南京陥落祝勝の夕
1938年（昭和13）	7月6日	「支那事変勃発1周年記念・軍国仕掛花火大会
1940年（昭和15）	3月8日	紀元二千六百年奉祝第一回東京市長旗争奪野球大会
	4月20日	征戦愛馬の夕
	5月26日	日本海海戦大ページェント
	7月6日	聖戦3周年記念「行軍感謝の夕」
	8月13日	海軍爆撃記念の夕
	11月10日	紀元二千六百年奉祝映画大会「民族の祭典」
	11月28日	航空感謝祭と大行進
1941年（昭和16）	2月18日	消火弾による消火実験
	3月9日	軍用犬鍛錬競争大会
	5月14日	軍国歌謡「そうだその意気」発表会
	5月26日	海軍記念日を迎える夕
	7月7日	銃後奉公愛国大会
	8月2日	銃後後援の集い
1942年（昭和17）	3月1日	巨人対大洋戦で手榴弾投げ競争を実施
	10月8日	第1回傷痍軍人錬成大運動会
	12月1日	「ハワイ・マレー沖海戦」映画大会。真珠湾攻撃の模型展示
	12月5日～14日	大東亜戦争1周年記念・映画報国米英撃滅大展覧会

	12月19日	日本及び連邦戦没勇士の慰霊祭
1943年（昭和18）	2月27日	「撃ちてし止まむ」米英撲滅少国民大会
	3月4日	女子中等学校武道錬成大会
	3月10日	第38回陸軍記念日行事・芸能報国大会
	3月27日	産業戦士激励慰問野球大会
	4月1日	皇国生産者全国大会
	5月25日	帝国海軍に感謝を捧げる女性大会
	6月12日	空の戦力増強推進野球大会
	9月9日～11日	日本野球総進軍優勝大会開催
	11月14日	学徒空の進軍大会

〔表5〕を見てあらためて思うのですが、日中の全面戦争の勃発の時から、後楽園球場は軍部が旗を振って首都における「戦勝祝賀」と「戦意発揚」の場に利用されていたことです。球場設立者と軍部とが密約でもしていたのでしょうか…？　密約もあったかもしれません。もともと後楽園球場の敷地は軍部が所有していたのを買い取った場所でしたから、首根っこを押さえられていたのではないでしょうか。

首都の中心部にあった後楽園は、スタンドとグランドで5～6万人余が収容できることが、戦争への扇動の"るつぼ"として格好だったのです。しかし、これが悲劇をまねきました。

戦況の悪化で「首都防衛」が叫ばれだすと、後楽園球場は1943年（昭和18）の夏に陸軍東部方面部隊に丸ごと接収されます。1個連隊を常駐させ、スタンドの2階に陸軍の監視塔（哨）を設置、塀には機関砲が据えつけられました。首都の空を高射砲がにらむ——それは軍事基地そのものの姿でした。

その年の10月には、「金属回収」の指令にもとづき鉄製の椅子1万8000個が取り外され、軍部に供出されました。グラウンドは隊員たちの食料補給としてジャガイモや野菜の畑になりました。

野球場が戦意発揚の舞台となり軍隊の基地と化す——。それは、スポーツの平和な空間が奪われ、失われ、その反対物となったということにほかなりません。この愚かしい史実は文明史の悲劇のひとつに入るのではないでしょうか。

　かつて、古代ローマでは円形競技場（コロセウム）で"パンとサーカス"に明け暮れました。剣奴とか剣闘士とか呼ばれた奴隷が、人間同士と、猛獣を相手に殺しあいを強いられ、船を浮かべた海戦ごっこに市民が興じるという狂気の沙汰が演じられたのです。

　２度、３度と私はイタリアを旅した機会にこの巨大なコロセウム遺跡の前に立ちました。最初の旅で案内してくれたイタリアの友人が、「コロセウムは繰り返してはならない文明の苦い教訓として保存されている」と語ってくれました。後楽園球場の悲劇を追跡していると、その時の話を思い出させるものがあります。

■横浜俘虜収容所

　私の地元にある横浜スタジアムはどうだったのでしょうか。現在は、プロ野球の横浜ＤｅＮＡベースターズのホーム球場となっていますが、調べていくと、思わぬ球場の転変に出くわしました。

　横浜スタジアムの前身、横浜公園球場の歴史は古く、それは１８７６年（明治９）に完成した「彼我公園」まで遡ります。日本の開国にともなって横浜関内に外国人居留地が敷かれ、その関連で在住外国人の憩いの場としてできました。

　「彼我」という公園名の意味は、「外国（彼）ならびに日本（我）の人びとに用いられる公園」のことです。公園のなかに１万平方㍍相当のクリケット場ができ、ここを使ってクリケット、サッカー、野球などのスポーツが楽しまれたと記録されています。

　野球のわが国最初の国際対抗試合が開催されたのも彼我公園でした。１８９６年（明治２９）５月２３日と６月５日に、東京第一高等学校

(旧制一高)対横浜外国人クラブ戦がおこなわれ、2戦とも一高が圧勝しました。

外国人居留地制度は、開港時の不平等条約が解けた1909年（明治42）に廃止され、彼我公園は横浜市が管理することになり、その名も「横浜公園」と変わります。クリケット場を現在の横浜スタジアムのあるところに移し、そこを「**横浜公園球場**」としたのでした。

同球場は1923年（大正12）の関東大震災で全壊しており、再建されたのは1929年（昭和4）でした。横浜市が総工費26万4000円をかけ、面積1万6500平方メートルで1万9000人が収容できる球場に生まれ変わります。

ここを舞台に、中等学校野球の県予選が開催され、"ハマの早慶戦"と呼ばれた横浜高等工業学校（高工）と神奈川県高等商業学校（高商）の定期戦で沸き上がり、満員のファンで埋めつくされました。

〈（高工―高商の定期戦は）開港記念日の6月2日を中心に開かれたが、午後2時の試合開始なのに午前5時から並ぶ人気で満員の盛況。〉（山下誠通著『横浜スタジアム物語』）

球場史を飾ったのがアメリカ大リーグ選抜チームとの交流試合でした。1931年（昭和6）にはルー・ゲーリッグを中心とした大リーグチームにオール横浜が挑み、3年後の1934年（昭和9）にはベーブ・ルースらの選抜チームに全日本代表チームが立ち向かい、ハマの野球ファンを熱狂させました（写真25）。

しかし、しだいに戦時色が濃くなり、日中全面戦争の非常時をむかえると、野球排斥の動きが強まっていきました。そ

（写真25）「横浜公園球場での日米野球」（中央はベーブ・ルース選手）

出典：ウェブサイト『横浜スタジアム』

のもとで横浜公園球場での試合は制限され、もっぱら「体力向上」や「修練」を集団でやる集会運動場に変わっていきました。

　「戦時中野球が戦時錬成科目より除外せられたる為に、野球場の利用は内野の区域をのみ市民の各種野外集会場に充て外野の全域を戦時農園に利用しつつありしが…。〉（横浜市事務報告書』１９４５年１０月）

　記録では、中等学校県予選は１９４１年（昭和１６）が最後に、"ハマの早慶戦"も１９４２年（昭和１７）の定期戦で継続不能となり、その後は戦時農園として「イモ畑に変わった」とあります。

　ところが……、横浜公園球場の変容はそれだけではすみませんでした。軍部がただちに接収し、そこを日本軍の捕虜となった外国人将校・兵士を収める「横浜俘虜収容所」にしたのです。１９４２年（昭和１７）９月のことでした。

　収容所は名称を「**東京俘虜収容所第２分所**」、同「**第３分所**」と変えながら、１９４４年（昭和１９）５月に閉鎖されるまで設置されていました。俘虜の居住場所には、横浜公園球場の観客スタンドの下にあった宿舎や事務室があてられました。

　俘虜収容所の実態を調査した笹本妙子さんのレポート「東京第３分所（横浜球場）」では、開設から閉鎖までの経過をこう記述しています。

・１９４２年９月１２日、横浜俘虜収容所として、横浜市中区横浜公園の横浜球場スタンド下に開設された。
・同年９月１５日、捕虜２２５名（英、加、米）が収容。
・同年９月２５日、東京俘虜収容所第２分所と改称。
・同年１１月中旬、フィリピンから移送された米兵７３名が収容。
・１９４３年８月１日、東京俘虜収容所第３分所と改称。
・１９４４年３月３０日、捕虜１０２名が神奈川区橋本町に新設された第１３派遣所に移送。

・同5月1日、閉鎖。

　「最大時の捕虜総数は299名で、その内訳はイギリス兵216名、アメリカ兵76名、カナダ兵2名、民間人5名となっている。民間人はウェーキ島※で捕虜になった人々である。」(笹本レポート)

　　※ウェーキ島　中部太平洋における重要な拠点のひとつで、日本軍は1941年（昭和16）のアジア太平洋戦争の開戦と同時に攻撃を開始。その後、この島を占領し、直轄地として「大鳥島」と命名して統治を行った。

　捕虜になった外国人兵士はスタンド下の部屋で寝泊りをし、ここから横浜港内外での船の荷役作業や、神奈川造船、浅野ドックなどの労働場所に向ったと言います。労働時間は1日8時間、仕事は楽ではありませんでした。食糧や医薬品も乏しく、日本人による殴打（おうだ）もいくつかあったようです。

　国内の競技施設で外国人兵士の俘虜収容所になったのはこの横浜公園球場だけでした。

　横浜公園球場は戦後すぐに連合軍に接収され、名前も「**ゲーリック・スタジアム**」に変えられました。1955年（昭和30）に返還された後は、名称を「**横浜公園平和球場**」に改称、その後、全面改築されていまの横浜スタジアムに至っています。

　友情の交換・交流の場としてできた「彼我公園」、戦争はそこを敵兵の「捕虜収容所」に変えたのです。いまは「平和球場」の名も消え、名称からは歴史は語りかけてきません。願うのは、スタジアムからふたたび快音と歓声、鉦（かね）や太鼓の音が消えないことです。

🔍 その３．国技館が風船爆弾の工場に

■愛国機「相撲号」を献納

　大相撲の両国国技館も戦禍に巻き込まれました。国技館は関東大震災で倒壊し、１９２４年（大正１３）に再建されていました。"大鉄傘"の通称で知られるドーム型の屋根を持っていて、ハイカラな造りが江戸っ子の目を引いていました。

　横綱双葉山の６９連勝など、１９３０年代の大相撲は人気を博していましたが、戦争の拡大と長期化につれて、大相撲も暗い影を落としていきました(写真26)。

（写真26）「横綱双葉山」

出典：ウィキメディア・コモンズ

　当時、大日本相撲協会を統率していた出羽海秀光（元横綱常陸山）さんは、自著『私の相撲自伝』でその時局と大相撲の状況を次のように記述しています。

　「昭和十二年にはじまった支那事変が４年目をむかえた十六年の１月になると、国内はますます新体制の呼び声が高い。国技館の大鉄傘下にも、いわく『高度国防国家建設』『真摯敢闘』、いわく『大政翼賛』『臣道実践』『職域奉公』『隣保協助』、いわく『力士は国技・吾等に国債』といったスローガンを書いた数々の大のぼりが、当局のお達しによりかかげられて、人々の気分は戦時色一色にぬりかえられた。」

大相撲興業も「興業取締法」が改正されて、制約と統制がいちだんと強められていきました。その様子を前出の『私の相撲自伝』から抜き書きしてみました。
- 〔**入場者の混雑防止**〕 警視庁と協会とが協議し、顔入場の厳禁、及び招待券に日割りをいれて、一時にどっと押し寄せる混雑を防止することになった。
- 〔**昼酒の禁止**〕 酒類を携帯しての観戦を禁止。協会では国技館入口のアーチの下に、「その筋の御達しにより、酒類の持込御断り申し候」という札を立てることになった。
- 〔**芸者同伴禁止**〕 新体制下には、芸妓を同伴しての観戦などはよろしくないと、自粛を強く要望された。
- 〔**自家用自動車の乗り入れ自粛**〕 ガソリンの一滴は血の一滴といわれ、自動車を乗り入れて観戦することを自粛した。
- 〔**自粛観覧料の厳守**〕 東京興業者協会(演劇、映画、相撲など)が観覧料の最高価格を決定したことによって、相撲は最高観覧料五円とする規定を、昭和十六年一月から厳守することとなった。

政府の「物資統制令」のもとで衣料品の点数制が取られ、力士の締込(しめこみ＝まわし)は力士自身が注文する場合のみに「特免品」として支給されました。力士の浴衣はまちまちであった柄が排除され、「体力奉公」という四文字を染めぬいたもの一色に当局から指示された、と言います。豪華な化粧回しは金糸銀糸の配給制限で作れなくなったことは先述した通りです。

戦争遂行に相撲協会も力士たちも勤労奉仕に出かけ、軍事教練に刈り出されました。
- 1939年(昭和14)2月には、東京・立川の陸軍飛行場で相撲協会が献納した**愛国機九七式戦闘機の献納・命名式**が行われ、「相撲号」と名付けられた。

- 8月には、若手力士約100名が、稽古廻し姿で、靖国神社の相撲場の草むしりや地ならしといった勤労奉仕をおこなった。
- 1941年（昭和16）2月には**帝国在郷軍人会大日本相撲協会分会**が発足し、未入営の協会員（力士等）に対しての軍事教練が繰り返しおこなわれた。
- 1943年（昭和18）1月に、協会は本所、深川の鳶職（とびしょく）や塗装業組合と合同して、「**財団法人大日本相撲協会勤労報国隊**」を結成。隊長に出羽海がなり、各部屋を総動員して200名の常備隊を組織した。

勤労報国隊は、軍事工場での作業、道路工事や敷地の地ならし、航空燃料用松根油を抽出するための松根掘り、トロッコ押し、重量運搬作業など「力の奉仕」に勤めることになりました。

出征する兵士のために、役力士たちが日章旗に「武運長久」「尽忠報国」などと書いたり、署名しています。

力士も兵隊に取られていきました。戦後に横綱になる吉葉山潤之輔は1942年（昭和17）に巡業中に応召となり、日中戦争に従軍しています。また、戦後の名横綱と呼ばれた栃錦清隆も1944年（昭和19）の5月場所後に海軍に応召され、機銃員として戦闘機の迎撃にあたっています。

その一方で、徴兵検査で多くの力士が「丙種合格」という低い評価だったのは謎めいています。おそらく、国策として国技・大相撲を位置づけ、内外に慰楽の手段として興行を続けるために特別扱いにして力士が徴兵されないように、と意図的な力が働いたからではないでしょうか。

■放球された風船爆弾

そして…、とうとう両国国技館は1944年（昭和19）の1月場所を最後に軍部に接収され、「風船爆弾」の工場に替わっていきました。

国技館が使えなくなり、この年の五月場所は後楽園球場で「晴天七

日間」で開催されました。続く秋場所も同球場で「晴天１０日間」で開催されます。秋本場所は空襲下でおこなわれ、初日から警報が出されて延期となりました。そのなかで、力士も観衆も防空壕に身をかためながら興業したのです。

「風船爆弾」は、和紙とコンニャク糊（のり）で作った気球に水素を詰め、大気高層のジェット気流に乗せてアメリカ本土を攻撃するという兵器です。「ふ号兵器」と呼ばれ、気球の直径は約１０ｍ、総重量は２００ｋｇ、兵装は１５ｋｇ爆弾１発と５ｋｇ焼夷弾２発が標準と言われています（写真27）。

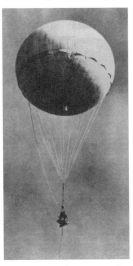

（写真27）「風船爆弾」

出典：ウィキメディア・コモンズ

当初、風船を使った兵器として、満州事変後の１９３３年（昭和８）頃から関東軍、陸軍によって対ソ連の宣伝ビラ配布用に研究され、１９４４年（昭和１９）に風船爆弾として実用化したのだそうです。

その製造工場に両国国技館がなったわけです。ほかでも、日本劇場（旧有楽町マリオン）、東京宝塚劇場、有楽座、浅草国際劇場で、さらには名古屋では、東海中学校・高等学校の講堂で風船爆弾が作られていた、と記録されています。風船爆弾の製造はおもに中学生や女学生、女子挺身隊──主に未婚の女性による勤労奉仕隊──の手で作られました。

生産個数はおよそ１万発。このうち９３００発が１９４４年１１月から４５年４月までに、千葉県一宮、茨城県大津、福島県勿来（なこそ）からアメリカに向けて放球されたとあります。実際にアメリカ、アラスカ、カナダ、メキシコに届いたと言われていますが、実数は不明のままです。この攻撃でアメリカ人６名が犠牲になったとの記録があります。

■まるで破れ傘のように炎上

　風船爆弾の工場となった両国国技館の最後が、東京大空襲による炎上でした。軍事工場になっていたことで標的にされたと言えるでしょう。

　１９４５年（昭和２０）３月１０日未明、東京の下町一円は連合軍Ｂ２９の３３４機による大空襲にみまわれました。いわゆる東京大空襲です。この空襲で、両国にあった国技館は炎上し、館内の桟敷席や２、３階の観客席は全部焼失、大鉄傘は穴だらけ、"破れ傘"のようなみじめな姿に変貌してしまいました（写真28）。

（写真28）「国技館炎上」

出典：「大正震災木版画集　国技館炎上」西澤笛畝 作

『激動の相撲昭和史』（高水武敏・原田宏共著）は、「国技館炎上」をこう描いています。

　「…花火のような焼夷弾が無差別に落下し、両国周辺の相撲部屋を焼き、豊島や松浦潟などの有望力士を死なせた。／それは、**本土決戦を暗示するかのような、国技の殿堂——国技館の炎上であった。**／そしてそれは、十五年戦争の終末をよぶ、迎火のようにもみえた。」

　国技館の炎上を「十五年戦争の終末をよぶ迎火のよう」との表現には、相撲関係者の戦争と戦禍に対する無念の思いが込められています。炎上した両国国技館がその地にふたたび姿を現すのは４０年後、１９８５年（昭和６０）に新設された現在の両国国技館まで待たなければなりませんでした。

　終戦から７０年の２０１５年の秋、両国国技館に敷設されている相

撲博物館は、「戦後70年『大相撲と戦争』展」を企画しました。

「大相撲から戦争をとらえることで、戦争の惨禍と平和の尊さについて考える機会になれば幸いです。」

展示では、在郷軍人による協会員で未入営の力士たちが褌（ふんどし）ひとつで軍事訓練を受けている写真や、出征兵士を激励するために署名をしている双葉山の姿がパネルで掲げられていました。

私はこの戦争展を見ながら、"国技"と言われながらも結局は戦争遂行体制に組み込まれていき、最後には国技館炎上という地獄絵を舐めさせた戦争の破壊的な本質を知る思いになったのでした。

以上、「シリーズ2」終わり。

◇廣畑成志の本◇

過去の戦争とスポーツ
──その痛恨の歴史

シリーズ1 国民の体力と余暇を
　　　　　国家管理に

四六判　　550円＋税　　本の泉社

コンセプトはアスリート・ファースト
2020東京
「オリンピックは選手が主人公」をやしく説く

四六判　　1,500円＋税　　本の泉社

オリンピックの旅にきみも行ってみないか
──ロンドン・オリンピックの旅日記

四六判　　1,600円＋税　　本の泉社

終戦のラストゲーム
──戦時下のプロ野球を追って

四六判　1,200円+税　本の泉社

アテネからアテネへ
──オリンピックの軌跡

四六判　1,200円+税　本の泉社

〒113-0033 東京都文京区本郷 2-25-6
TEL.03-5800-8494　FAX.03-5800-5353

◎著者紹介

廣畑 成志（ひろはた せいじ）

　１９４４年生まれ。福岡県出身。福岡県立小倉高等学校卒業。東京教育大学体育学部卒業（体育社会学専攻）。日本体育大学大学院修士課程修了（体育学・オリンピック研究）。新日本体育連盟全国役員、一橋大学・中央大学等講師、日本共産党スポーツ委員会専任を経て、現在、「安保法制廃止をめざすスポーツと体育の会」事務局長。著書に『スポーツってなんだ』（青木書店）、『終戦のラストゲーム──戦時下のプロ野球を追って』（本の泉社）、『コンセプトはアスリート・ファースト』（本の泉社）など。

シリーズ２
過去の戦争とスポーツ──その痛恨の歴史
スポーツ物資の規制と軍部への供出

2017年2月10日　初版第1刷発行
著　者　廣畑 成志
発行者　比留川 洋
発行所　株式会社 本の泉社
　　　　〒113-0033 東京都文京区本郷 2-25-6
　　　　TEL. 03-5800-8494　FAX. 03-5800-5353
　　　　http://www.honnoizumi.co.jp
印　刷　新日本印刷株式会社
製　本　株式会社村上製本所
ＤＴＰ　木椋隆夫

©2017, Seiji HIROHATA　Printed in Japan
ISBN978-4-7807-1296-4 C0075

※落丁本・乱丁本は小社でお取り替えいたします。
　定価はカバーに表示してあります。
　複写・複製（コピー）は法律で禁止されております。